Francisco de Assis
O Cavalheiro da Pobreza

José Mario Jaramillo Arango

Franciscano

Francisco de Assis
O Cavalheiro da Pobreza

Tradução de
Frei Alcides Cella, O.F.M.

EDITORA
SANTUÁRIO

Dados Internacionais de Catalogação na Publicação (CIP)
(Câmara Brasileira do Livro, SP, Brasil)

Arango, Frei José Mario Jaramillo
      Francisco de Assis: o cavalheiro da pobreza / Frei José Mario Jaramillo
Arango; tradução de Alcides Cella. Aparecida, SP: Editora Santuário, 1989.

   ISBN 85-7200-814-4
   1. Francisco de Assis, Santo, 1181-1227 I. Título

89-0691   CDD-922.22

Índice para catálogo sistemático

1. Santos: Igreja católica: Biografia 922.22

Título original:
Francisco de Asís:
El Caballero de la Pobreza
© Editorial Franciscana
Cali, Colômbia

Capa: Mauricio Pereira

Com aprovação eclesiástica

27ª impressão

Todos os direitos reservados à **EDITORA SANTUÁRIO** – 2022

Rua Pe. Claro Monteiro, 342 – 12570-000 – Aparecida-SP
Tel.: 12 3104-2000 – Televendas: 0800 - 0 16 00 04
www.editorasantuario.com.br
vendas@editorasantuario.com.br

SUMÁRIO

Introdução 7

1. Os Tempos de São Francisco 9
2. A Terra e o Povo 11
3. Os Primeiros Anos 13
4. A Fogosa Juventude 15
5. O Chamamento 20
6. O Rude Aprendizado 23
7. Os Seguidores 25
8. Proteção da Igreja 27
9. A Dama Clara 29
10. Aventureiros do Mundo 31
11. A Perfeita Alegria 34
12. A Indulgência da Porciúncula 35
13. Senhor da Natureza 37
14. A Organização dos Irmãos 40
15. As Primeiras Tempestades 42
16. A Ordem Terceira 45
17. Frei Antônio de Pádua 46
18. O Espírito Interior 47
19. O Presépio 50
20. A Aprovação Final da Regra 51

21. O Portento de Alverne 53
22. O Ocaso 55
23. Os Últimos Meses 57
24. Amizade Agradecida 59
25. O Fim 61
26. O Enterro 62
27. A Glória 63

Apêndice I:
As Ordens Franciscanas 66
Apêndice II:
Hinos e Orações de São Francisco 73

Introdução

"FRANCISCO DE ASSIS", do padre colombiano Frei Mario Jaramillo, é o livro que faltava a leitores brasileiros, que gostam de aprender muito e ler pouco.

– É simples
– completo
– atualizado.

São 64 páginas em 28 breves capítulos sobre os principais assuntos referentes ao santo e à fundação das três Ordens Franciscanas.

– Atualizado no aspecto da Teologia vocacional, dando, igualmente, Frei Mario um apanhado claro do ambiente histórico da época, que facilita sobremodo ao leitor entender São Francisco e sua atuante personalidade!

1.
Os Tempos de São Francisco

Só compreendemos um homem perfeitamente quando conhecemos bem o tempo e o lugar em que ele viveu. Assim, uma personalidade tão rica e profundamente humana quanto é a de São Francisco de Assis jamais poderia estender-se, desconhecendo-se a época e a circunstância que a rodearam.

Dois traços fundamentais no caráter do santo, seu AMOR À PAZ e seu temperamento profundamente POÉTICO, que o fazem tão humano e atual, são fruto de seu tempo e ambiente, assaz semelhante ao nosso, em diversos aspectos.

Ao iniciar-se o século XIII, o mundo conhecido pelos ocidentais reduzia-se à Europa, norte da África e ao Ocidente próximo, onde os Cruzados combatiam e traficavam apenas há 100 anos.

A Itália, exceto os estados pertencentes à Igreja, fazia parte do Império Germânico e era teatro de frequentes revoltas, que os imperadores com grandes dificuldades procuravam controlar!

Findava a época feudal. A sociedade achava-se dividida, então, em quatro classes distintas:

a) Os "Maiores", ou Nobres, que formavam a classe privilegiada!

b) Os "Menores", que trabalhavam e viviam sob seu domínio!

c) Os "Plebeus", donos de sua pessoa e com liberdade de ação, embora sujeitos a duras cargas e impostos. Em seu trabalho, particularmente com o comércio, haviam chegado a enriquecer-se e constituíam poderosa classe social. A eles pertencia a família de São Francisco. Estavam, porém, ansiosos de se tornarem completamente livres e, por isso, com frequência, promoviam revoltas contra os nobres!

Finalmente, na última classe, estavam os "SERVOS" que pertenciam ao senhor feudal em condição miserável de pobreza e ignorância!

Trata-se, pois, de um tempo muito parecido com o nosso, com sua profunda divisão entre ricos e pobres, nobres e plebeus.

Essa condição social havia desencadeado tremendas rivalidades, ódios, vinganças inextinguíveis, lutas de cidades, partidos e famílias que esfacelavam as nações, sobretudo a Itália. As guerras chegaram a ser tão frequentes que o papa Inocêncio III teve que fazer valer toda sua autoridade para suavizar as condições dos vencidos.

Quando mais tarde Francisco começa a pregar o Evangelho, uma das maiores atividades será extinguir os ódios e semear nos corações o amor à paz.

Outra instituição típica da época era a dos TROVADO-RES, espécie de poetas e músicos ambulantes que iam, de castelo em castelo, cantando as tristezas e alegrias da juventude, as façanhas dos cavalheiros e os romances de amor que inflamavam a imaginação e despertavam o entusiasmo de aventura nos ouvintes!

Francisco sofreu sua influência; foi poeta e músico que soube revestir as coisas e os acontecimentos com esta roupagem de nobre poesia em que havia vivido desde sua infância. Por isso chamou a seus Frades "Cavalheiros" e, à Pobreza, sua "DAMA", e ele mesmo se proclamou "Arauto do Grande Rei", à semelhança dos heróis nas canções e baladas dos trovadores.

2.

A TERRA E O POVO

ÚMBRIA, terra natal do Santo, é uma pitoresca região situada na Itália central. Pelos contrastes e belezas naturais que possui e a variedade de paisagens que oferece, é uma região bela como poucas. Foi evangelizada por São Rufino, cujas relíquias são guardadas na Catedral de Assis, onde foi batizado Francisco e que ainda hoje conserva o mesmo aspecto severo que possuía em seu tempo.

Assis, sua cidade natal, tem guardado através das épocas quase o mesmo ambiente do século XIII, com suas ruas escarpadas e casas de pedra rosada, cujos parapeitos e terraços, semeados de gerânios, dão-lhe um aspecto de agradável colorido. Situa-se em uma das extremidades do Monte Subásio, e a seus pés estende-se vasta planície que vai até Foligno, Espoleto e Perúsia, todos nomes cheios de tradição franciscana.

Conservam-se ainda, transformados em Capela, alguns restos da casa onde nasceu São Francisco. Devia ter sido ampla e dotada das comodidades da época, visto que Pedro Bernardone, seu pai, era um dos comerciantes mais fortes de seu tempo. Ocupava uma boa posição, que ele selou na preocupação por seu bom-nome, quando o filho converte-se em mendigo. Pedro Bernardone trata com tanta familiaridade o bispo, a ponto de o Prelado atender seu pedido e comparecer ao julgamento de seu filho Francisco. Além do mais, como veremos logo, o jovem era muito relacionado com os filhos das famílias mais importantes da cidade. Influência especial tiveram, sem dúvida, as frequentes viagens de Pedro Bernardone, dando-lhe certa cultura e facilitando o enlace matrimonial com Pica Boulermont, de nobre família provençal, senhora de caráter suave, em contraste com o temperamento violento de seu marido. Os cronistas acentuam o grande amor que a mãe dedicava a Francisco, intuindo, talvez, sua futura santidade.

Sabe-se que o casal teve outros dois filhos, cujos descendentes, por sua vez, desperdiçaram a fortuna herdada. Os últimos Bernardone aparecem no século XVI, vivendo de mendicância, como se o santo da pobreza tivesse querido conservar nela a seus irmãos de sangue, como o fez com seus filhos de hábito.

3.
OS PRIMEIROS ANOS

Ao nascer Francisco, pelo ano de 1181 ou 1182, governava a Igreja o papa Lúcio III, sendo imperador Frederico Barbarroxa. Nessa época, seu pai Pedro Bernardone percorria a França, fazendo compras de tecidos finos, que tinham ótimo mercado de venda na Itália. Sem aguardar seu regresso de data incerta, Pica fez batizar o recém-nascido, impondo-lhe o nome de João, em honra de João batista, pelo qual o santo mais tarde teve grande devoção. Ao regressar, Bernardone mudou o nome do primogênito, dando-lhe outro inteiramente particular, "FRANCISCO", certamente por simpatia à França, onde realizava tão bons negócios e que era a terra de sua esposa. Mais tarde lhe ensinaria o francês, língua comercial da época.

Pouco sabemos de seus primeiros anos; teve que receber a educação própria de seu tempo, com todas as facilidades que lhe ofereciam os meios econômicos do pai. Sua cultura ampliou-se posteriormente no tratamento com os nobres e através de assíduas leituras e meditações da Sagrada Escritura, apesar de ele mesmo, por humildade, chamar-se "simples e ignorante".

Todavia, sua primeira educação moral não foi perfeita, porque seus pais eram ricos e o estimavam muito, deixando-lhe ampla liberdade para fazer o que quisesse. No entanto, seu pai era um homem autoritário e vaidoso, apegado ao dinheiro, ávido da estima pública e ansioso por ingressar na nobreza, o que explica seu afã para que Francisco se sobressaísse na guerra, e a decepção que sofreu, quando ele se entregou a viver a simplicidade do Evangelho. Os bons conselhos vinham-lhe de dona Pica, "honrada, o exemplo cabal e resplandecente em todas as virtudes" – afirmavam dela os cronistas.

Mais depressa do que se esperava, Francisco conheceu os reveses da guerra, que tão enormemente iriam influenciar os acontecimentos ulteriores de sua vida.

O imperador alemão Frederico Barbarroxa havia arrebatado da Igreja parte de suas posses na Itália, entre elas Assis. Pressionado, porém, pelos exércitos do papa Inocêncio III, teve que devolvê-las, e o Conde de Assis, Conrado de Lutzen, foi forçado a entregar a cidade em

1198. Logo que os cidadãos ficaram cientes de que o Conde havia saído para firmar a paz com o papa, apanharam as armas, destruíam seu castelo e incendiaram os palácios dos nobres, usando das pedras para fortificar a cidade com resistentes muralhas.

Os nobres de Assis se retiraram para a cidade vizinha de Perúsia a fim de organizar e planejar a recuperação de seus bens. Pouco mais de 15 anos teria Francisco sido obrigado a participar dessas lutas e até ajudar na expulsão das famílias nobres, entre as quais estava a dos Offreduccio de Corcorano, à qual pertencia a nobre dama Clara, cuja história estaria mais tarde tão ligada a sua.

4.
A FOGOSA JUVENTUDE

Essas revoltas que abalaram a cidade fizeram prosperar os negócios dos Bernardone e, sendo Francisco naturalmente beneficiado, pôde acompanhar o pai, nas férias, a Espoleto, Foligno e, talvez, até à França.

O jovem mostrou-se habilíssimo nos negócios, mas começou, ao mesmo tempo, a prender-se ao luxo e às festas com seus amigos. Generoso por temperamento, Francisco gastava à vontade o dinheiro de seu pai, organizando suntuosos banquetes, ostentando suas habilidades de trovador e vestindo-se luxuosamente, chegando a ser o "fã" da mocidade.

"Você não é filho de príncipe para esbanjar tanto dinheiro", observava Bernardone, mas, secretamente, sentia-se orgulhoso desse filho, cujo relacionamento com os dissipados jovens da nobreza local prometia-lhe um futuro brilhante.

A par desses defeitos, brilhava em Francisco uma inata delicadeza que o impedia de entregar-se a diversões licenciosas de seu ambiente, a tal ponto que seus amigos diziam que não ouviam dele nenhuma palavra sequer grosseira, nem sabiam apontar atos indignos. Já então o jovem tinha descoberto que é possível desfrutar sadios divertimentos da vida, sem resvalar para a perversão. Por sua vez, era generoso com os pobres e não podia despedir de mãos vazias ninguém que lhe pedisse uma esmola "por amor de Deus"! Em seus banquetes ordenava que se preparassem pratos a mais para os menos afortunados de Assis. Em resumo, era um jovem alegre, fino e risonho, benquisto por todos, rodeado da afortunada juventude para sonhar com o futuro, gastar dinheiro e cantar serenatas às damas!

Chegou, porém, a guerra. Em 1201 os nobres desterrados em Perúsia declararam guerra à Assis; e Francisco, da mesma forma que seus companheiros, alistou-se no exército do povo. As lutas durariam bastante tempo e a elas poria fim o Santo, convertido em homem de Deus; mas isso estaria ainda muito distante.

Uma tarde, no inverno de 1201, Francisco caiu prisioneiro na batalha da Ponte de São João, sendo levado à Perúsia. Na verdade deveriam parecer-lhes duros aqueles longos meses de cativeiro na obscuridade e forçada inércia em um daqueles horrorosos cárceres medievais. Somente seu ânimo alegre, a disposição de seu temperamento, o gosto pelo canto, o salvaram do desespero.

– "Como quereis que eu fique triste, sabendo que grandes coisas me esperam? O mundo inteiro falará de mim" – costumava dizer em tom de brincadeira a seus amigos.

Ao término de um ano foi solto, voltando para casa, novamente entregue aos saudosos divertimentos da juventude e às atividades na casa comercial do pai. Sua constituição física, porém, tinha sido debilitada, e caiu enfermo por muitos meses. Era a mão de Deus que se fazia sentir pela primeira vez em sua vida. Quando pôde levantar-se, sentiu-se transformado – por alguma razão que ainda não compreendia. Já não achava gosto nos vãos prazeres das cantigas, nem nos banquetes em companhia dos amigos. Começava a compreender a vaidade dos gozos puramente terrenos, embora ainda não buscasse a Deus. Na verdade, Francisco não "nasceu santo", mas lutou seriamente para tornar-se santo. Para isso possuía muitas qualidades naturais: inteligência viva e profunda, juízo sólido, bom caráter, franqueza e amor à verdade, uma natureza extremamente amável e intrépida. Mas, por outra, era ambicioso de glória e fama, a exemplo de seu pai, desejava que os outros ouvissem falar dele, almejava um campo de ação maior que o reduzido de Assis e queria com seu luxo e festanças fazer esquecer que nascera de família que não era nobre. Por esse motivo, sonhava com a glória das armas e a nobreza, que se conquistava nos campos de batalha.

Um conterrâneo seu, o Conde Gentile de Assis, incumbira-se de organizar um exército para ajudar o papa Inocêncio III, na defesa dos direitos da Igreja. Francisco aderiu, sem demora, contando com a provação de seu pai, e antevendo já a oportunidade tão longamente esperada de enobrecer sua família. Quão longe, porém, estava Pedro Bernardone de imaginar o que Deus reservava para seu filho!

Na véspera de partir para a luta, Francisco, em um impulso de generosidade, cedeu a um seu amigo, nobre mas pobre, os ricos trajes e a armadura caríssima que havia preparado para si. O ato lhe valeu o primeiro chamamento de Deus. Teve um sonho. Viu um castelo repleto de armas destinadas a ele e a seus "companheiros". Não conseguiu, porém, entender o significado do sonho: pensou que estava, talvez, destinado a ser um famoso guerreiro!

Ao chegar ao povoado de Espoleto, Deus tornou a falar-

-lhe em sonhos, e desta vez com tanta clareza, que Francisco reconheceu a voz divina: "A quem queres servir? Ao imperador ou a Cristo"? – "A Cristo" – respondeu instintivamente Francisco. E então, de maneira semelhante com o que aconteceu muito tempo antes com São Paulo, manda-lhe também Cristo: "Volta a Assis e ali te direi o que deves fazer"! Havia muita suavidade na ordem dada, porque Deus não força a vontade de ninguém, mas faz repercutir o convite, indicando o melhor caminho para a pessoa se realizar a si mesma e aos outros no Reino de Cristo!

Desafiando os sorrisos de desdém dos vizinhos e a cólera dos Bernardone, contrariado em seus projetos, Francisco retornou a Assis, dando prova de energia de seu caráter e do valor de seu ânimo que agora lhe vinham ser úteis, porque a santidade exige, ao mesmo tempo, trabalhar com Deus e saber aguardar.

Começou então a longa espera: Que queria Deus dele? Em vão tentaram seus amigos atraí-lo outra vez aos vãos banquetes e trovas, coroando-o durante uma festa "Rei da Juventude"; a coroa e o cetro impostos reconhecendo-o como seu líder não o comoveram. Simultaneamente, em seu lugar, Deus mostrou-lhe, em uma fulgurante visão, seu futuro destino de "Cavalheiro da Dama Pobreza".

A partir dessa noite, disse adeus aos companheiros, e esperou na oração e recolhimento o que Deus dele exigiria.

Decidiu viajar a Roma em 1205. Visitou a tumba de

São Pedro, momento em que exclamou: "É uma vergonha que os homens sejam tão miseráveis com o Príncipe dos Apóstolos"?! Jogou um punhado de moedas de ouro, em contraste com as escassas esmolas de outros fiéis menos generosos. Era um ato tipicamente seu: dar tudo o que tinha em mãos, quando algo apelasse para a sua generosidade. A seguir, trocando seus trajes com aqueles de um mendigo, fez o primeiro ensaio da santa Pobreza. Voltou a Assis, à casa paterna, entregando-se mais à oração e ao silêncio.

5.

O CHAMAMENTO

Chegou o ano decisivo de 1206. Francisco mesmo, em termos comoventes, descreverá muitos anos depois em seu Testamento aquela cena que o enveredou definitivamente pelos caminhos de Deus.

Em uma tarde, passeando a cavalo pelas perfumadas campinas de Assis, viu a caminho um leproso, um desses seres horríveis, repugnantes à vista e ao olfato, cuja presença lhe havia sempre causado invencível nojo.

Mas então, movido subitamente por uma força superior, apeou do cavalo e, colocando naquelas mãos sangrentas seu dinheiro, aplicou ao leproso um beijo de amizade.

Talvez lembrando aquela frase do Evangelho: "Tudo o que fizerdes ao mínimo aos meus irmãos, a mim o fareis" (Mt 10,42). E nesse momento, ele mesmo o declara depois: "O que antes me era amargo, mudou-se então em doçura da alma e do corpo, e pude afastar-me e entregar-me a Deus".

Penetrou naquela capela de São Damião, localizada não muito distante dali, um desses rústicos oratórios comuns, na Idade Média, ao longo das estradas, e, prostrado aos pés de um Crucifixo que a piedade popular ali venerava, entregou-se à oração. E Deus lhe falou: "Francisco – disse-lhe a imagem subitamente animada de vida – restaura a minha casa que está em ruínas". Francisco não compreendia ainda que não se tratava das paredes de pedra em ruínas, mas da Igreja, da casa de Cristo, enfraquecida na época pelas divisões e heresias.

E com aquele impulso prestativo que o movia sempre a realizar o que achava certo, monta a cavalo, regressa a Assis, toma da casa paterna um fardo de fina fazenda, vai a Foligno, vende-a e volta contente, colocando o dinheiro à disposição do sacerdote de São Damião para que reconstrua a ermida. E mais: ele mesmo se oferece a ficar com o padre para, com suas próprias mãos, ajudá-lo na obra.

Conhecendo caráter de Bernardone, é fácil imaginar

sua cólera ao ver desfalcada a sua casa comercial e perdido o seu dinheiro. Não podemos culpar Francisco, se, levado pelo medo, ocultou-se da fúria paterna. No entanto, sua generosidade triunfou imediatamente. "Que faço aqui? Acaso não me tenho inscrito na milícia do Rei Celeste e não tenho por dama a Pobreza?"

Um dia sai resolutamente a mendigar o sustento de porta em porta. Isso, para Bernardone, ultrapassava as medidas; se seu filho perdera o juízo, era preciso encerrá-lo, e Francisco experimentou então novamente o cativeiro. Dessa vez, em um escuro cubículo debaixo da escada da casa paterna.

Pica, porém, "sempre mãe enternecida" – declara a crônica – abriu-lhe às escondidas a porta e deixou partir livremente para seguir seu destino. Para o futuro não ouviremos mais mencionar a história e o nome dessa mulher forte, calada e decidida, que, sem dúvida, influiu tão incisivamente no caráter e modo de ser de Francisco.

6.

O RUDE APRENDIZADO

Termina o ano de 1206, tão cheio de acontecimentos. Pedro Bernardone, convencido de que nem as razões nem a força podiam torcer o ânimo de Francisco, decide recorrer ao bispo, e se instaura um julgamento como nunca aconteceu na história de outro santo.

Palco é a própria Praça Comunal de Assis, à vista de todos.

Bernardone exige que seu Francisco lhe devolva tudo quanto recebeu dele. E este que já conhece a sentença de Cristo: "Quem ama o seu pai ou a sua mãe mais que a mim, não é digno de mim" (Mt 19,29), sem vacilar um momento despoja-se de tudo até ficar nu, joga os trajes e o dinheiro aos pés de seu pai e exclama: "Até agora chamei de pai a Pedro Bernardone, doravante não terei outro por esse nome, senão o Pai Celeste".

Quanto foi cruel para ele esta renúncia, compreende-se pelo detalhe profundamente humano, de que logo procurou um ancião mendigo para que a abençoasse cada vez que escutava as maldições de Bernardone, que jamais pôde resignar-se a ver seu filho perseguido pelas zombarias do pessoal e objeto de escárnio da gurizada de Assis chamando-o de "louco"!

Cantando "Sou o arauto do Grande Rei, Cristo", afastou-se Francisco dos seus e entregou-se ao serviço dos leprosos e à restauração das ermidas que cercavam a cidade. Cada dia percorre as ruas mendigando seu pão e convidando as pessoas para que contribuam com pedras e trabalho na reconstrução das "Casas de Deus".

Mais de uma vez se sentiu tentado a voltar atrás, quando chegava à porta de seus antigos amigos; mas sempre saía vitorioso nessas lutas entre o orgulho humano e o próprio ideal: já então alguns começavam a discernir nele o futuro santo, embora ele mesmo ainda não conhecesse a sua vocação.

Que mais iria pedir-lhe Deus quando terminasse os trabalhos na capela de Santa Maria dos Anjos e não mais houvesse ermidas a restaurar?

Certo dia, deve ter sido em 1209, escuta durante a missa a leitura do Evangelho: trata-se daquela passagem em que Cristo instrui seus Apóstolos sobre o modo de ir pelo mundo "sem túnicas, sem bastão, sem sandálias, sem provisões..." (Lc 9,3). Tais palavras são para ele como uma intensa luz: "Isto é precisamente o que eu quero"! – exclama exultante de alegria – e sem demora começa a viver, como o fará em toda sua vida, a pura letra do Evangelho.

Francisco e a Ordem Franciscana, da qual ele é o fundador, têm encontrado em seu caminho as mesmas palavras da mensagem de Cristo: seguir a lei sem glosas.

– 24 –

7.

OS SEGUIDORES

A partir daquele dia, Francisco inicia um modo de vida um pouco diferente, percorrendo as localidades vizinhas e pregando em palavras simples o Evangelho de Cristo.

Muitos começam enfim a compreender o sentido dessa vida e manifestam o desejo de segui-la. O primeiro foi um homem rico de Assis, Bernardo de Quintaval, pessoa sensata, mas não sem o por à prova.

A pretexto de um jantar, convida-o para sua casa a fim de observá-lo melhor. Já noite avançada, Francisco mansamente se levanta da cama, e, julgando não ser observado, passa todo o resto da noite em oração. Diante disso, Bernardo se convence de que a seu lado está um verdadeiro homem de Deus.

"Que devo fazer para seguir-te"? – Foi a mesma pergunta que anos antes se fizera a si próprio, e, como o faria sempre em todas as ocasiões de sua vida, decide recorrer ao Evangelho para que o mesmo Cristo lhes dê a resposta.

De manhã bem cedo, vão ambos à missa. Pelo caminho ajunta-se aos dois Pedro de Catânia, doutor em Direito e novo companheiro.

Por três vezes abriram o livro do Evangelho, e o que leram foi o seguinte: "Se queres ser perfeito, vende o que tens, dá os pobres, vem e segue-me" (Mt 19,21).

"Não leveis nada pelo caminho, nem bastão, nem alfajore, nem uma única túnica..." (Lc 9,3).

"Se alguém quer vir após mim, negue-se a si mesmo, tome sua cruz cada dia e siga-me" (Mt 16,24).

Isso é o que devemos fazer, e é o que farão quantos quiserem vir conosco – exclama Francisco, que subitamente tem a intuição daquilo que ele e os seus farão pelo mundo.

Isso aconteceu a 24 de fevereiro de 1208, dando início à fundação da Fraternidade dos Irmãos Menores (Franciscanos: O. F. M. = Ordem dos Frades Menores).

Nesse mesmo dia, Bernardo de Quintaval vende o que possui e reparte o dinheiro entre os pobres de Assis. Seu gesto produz frutos. O primeiro é o sacerdote Silvestre, um homem de Deus que viu em sonho a Francisco cobrir com uma cruz o universo: mas certo apego ao dinheiro o retinha unido ao mundo. – Como posso eu, sacerdote e velho, ser menos generoso do que estes jovens e ricos? – exclamou comovido, e, sem mais, lança-se com eles na aventura do Evangelho. É o primeiro sacerdote da Ordem!

Francisco torna-se como um ímã que atrai irresistivelmente, com sua mensagem de simplicidade e alegria.

Prontamente aderem outros: Gil, um modesto lavrador que escalará os cumes mais altos da santidade; Morico, dedicado ao serviço dos leprosos; Bárbaro, futuro missionário no Oriente; Sabatino, Bernardo de Viridiante, João de Constança, Ângelo, da ilustre família dos Tancredo, aparentado com reis e príncipes; Filipe, de grande eloquência; e para que a variedade seja completa, João da Capella que irá postular (como o fez Judas) nesse novo grupo de apóstolos. São um grupo de mendigos voluntários que trabalham e rezam, que cantam e pregam, assombrando o povo com a novidade do Evangelho literalmente vivido diante de seus próprios olhos. Umas choupanas cobertas de folhagem, no pitoresco Vale de Rivotorto, servem-lhes de modesto abrigo.

8.

PROTEÇÃO DA IGREJA

"Vamos para Roma para que sua Santidade o papa saiba o que fazemos", declara um dia Francisco, que conhece muito bem o triste fim dos rebeldes Cátaros e Valdenses, pessoas ansiosas de viver o Evangelho em toda a sua pureza, mas que terminaram na heresia por agastar-se contra a autoridade da Igreja. Porquanto não se pode construir, colocando outro fundamento que não seja Pedro, a "pedra" posta pelo mesmo Cristo.

E, eis... para Roma caminha o grupo! No entanto, como irá à presença do severo Inocêncio III, este grupo de mendigos mal vestidos e desconhecidos?

Francisco reza e confia. Acaso não é o próprio Cristo que os conduziu até lá?

Por coincidência, achava-se, nessa ocasião, em Roma, o bispo de Assis, admirador de Francisco e seus companheiros.

Inocêncio III fica maravilhado ao conhecê-lo. "É o mesmo homem a quem vi em sonho, sustentando os muros da igreja de Latrão que ameaçava ruir, igreja-mãe e cabeça de todas as igrejas do mundo!" diz o papa aos que o rodeiam.

O chefe da Igreja reconhece que é do Alto que vem a Francisco o desejo de voltar ao Evangelho, vivido por ele literalmente. E, por isso, dá a seu modo de viver evangélico sua aprovação. Ordena diácono a Francisco e lhes permite pregar com suas bênçãos.

Os filhos de Francisco celebramos esse fato histórico dia 16 de abril de 1210 como o dia natalício dessa Ordem.

Alegres, voltaram Francisco e seus companheiros outra vez às paragens de Assis, vivendo nos arredores da capela de Santa Maria dos Anjos, a última das que foram restauradas por Francisco.

Dizia o povo que neste lugar os Anjos entoavam cantos à rainha do Céu, e por esse motivo os frades apreciavam sobremodo tal recanto.

– 28 –

Aqui ingressou na Fraternidade Franciscana Frei Junípero, cujas saborosas aventuras farão rir quem as ler nas páginas dos "Fioretti"; e Frei Leão, o amigo e confidente de Francisco, cuja pureza e simplicidade lhe valeu o carinhoso apelido de "ovelhinha de Deus".

9.

A DAMA CLARA

Lá no interior de um suntuoso palácio, Clara Offreduccio vivia a pensar em Francisco. Tinha-o conhecido em Assis como "Rei da Juventude", percorrendo as ruas com seu alaúde de prata; e, pouco depois, ei-lo inflamado a pregar a todos as alegrias de paz e a pobreza por amor de Deus.

E era isto precisamente que almejava a jovem Clara: não a satisfaziam os esplendores de sua casa, nem o sonho do futuro enlace principesco, ao qual seus pais a estavam encaminhando.

A história, discreta nos detalhes que gostaríamos de conhecer, não nos tem guardado a memória daquelas entrevistas entre Francisco e Clara, quando ele abriria para ela as riquezas do Evangelho, e ela lhe exporia seus temores, já que era filha mimada de família nobre e seus pais, como os de Francisco, haviam sonhado para ela um futuro de brilhantes esperanças.

Bem fortes deveriam ser as razões de Francisco, para que Clara acabasse inteiramente atraída para a causa do Evangelho.

Aos 18 de março de 1212, a Catedral regurgita dos fiéis: brilham as armas dos cavalheiros e as joias das damas, porque é Domingo de Ramos. De repente, um gosto inexplicável para quem não está a par do segredo: o próprio bispo desce do trono e entrega pessoalmente o ramo bento a Clara.

Sem dúvida, neste gesto simbólico viu ela um apelo de Deus, porque nesta mesma noite, acompanhada por sua prima Pacífica e outra fiel amiga, por uma portinhola deixa sua casa, e se apresenta a Santa Maria dos Anjos, onde a esperavam Francisco e os seus companheiros.

Frente ao altar, ele lhe corta os cabelos, cobrindo-lhe a cabeça com um véu, sinal de que a donzela Clara faz a sua consagração a esposa de Cristo.

Insuficientes serão a ira de seus parentes, as lágrimas de seus pais, para fazê-la retroceder em seu propósito; nem sequer a força das armas, quando poucos dias sua irmã Inês a segue na mesma resolução.

Poucos anos após, sua mãe Ortulana, juntamente com sua terceira filha Beatriz, segue a Clara, indo parar no conventinho de São Damião. Com o correr dos anos, rainhas e princesas ingressavam naquele convento para viver, à luz do Evangelho, a fascinante aventura das Damas Pobres (Clarissas), a segunda família de Francisco, cujos feitos abrilhantarão a história.

– 30 –

Quando em 1240 as tropas de Frederico II assaltaram o mosteiro, é Clara que, com o ostensório da Eucaristia na mão, aparecendo em uma janela de clausura, faz retroceder os soldados e salva da destruição a cidade de Assis.

Esse feito, um dentre os muitos de sua vida, evidencia quão longe chegou a santidade de Clara Offreduccio!

10.

Aventureiros do Mundo

Francisco entregou-se por completo a Deus, embora continuasse sempre o mesmo. A graça de Deus aperfeiçoa a natureza das pessoas, mas não a destrói, porquanto pensa ainda na glória das grandes façanhas e o fascinam as aventuras e o mistério. Sente-se cavalheiro de Cristo e deseja conquistar o mundo para seu Rei. Envia seus companheiros a pregar por toda a Itália e ele mesmo decide embarcar para a Palestina, a terra onde os cruzados lutavam e morriam para arrancar o poder dos muçulmanos o Santo Sepulcro.

Mas ainda não chegaria a sua hora; os frades necessitavam dele para organizar a comunidade e, talvez, por esta razão, providencialmente, ventos contrários arrastavam o navio para terras estranhas, obrigando Francisco retornar à Itália.

Começou então a reunir seus seguidores, periodicamente, para instruí-los com suas palavras e cartas, muitas das quais chegaram até nossos dias. São um punhado de citações bíblicas profundamente comentadas por ele, para convertê-las em atitude de vida, porque seu lema foi sempre: "viver o Santo Evangelho de Nosso Senhor Jesus Cristo" (Regra, capítulo I).

Dois anos depois desse primeiro ensaio, em 1214, torna a empreender uma viagem misteriosa, em companhia do Frei Bernardo, para Marrocos. Percorre as belas regiões do sul da França e verde Galícia espanhola, mendigando e pregando. Ao chegar, porém, a Santiago de Compostela, Francisco cai gravemente doente: a Providência não o queria mártir em terras infiéis, e, convencido da vontade de Deus, retorna ao ermo da Porciúncula, encerrando-se em uma ilha do lago Transimeno, para jejuar uma Quaresma toda, com apenas um pedaço de pão, em memória do jejum de Cristo.

Qual seria o plano de Deus a seu respeito? Que saísse a pregar o Evangelho pelo mundo em fora ou se retraísse nesse isolamento, entregue à oração e imolação por um mundo materialista que vivia sob o signo da guerra?

Foi um momento de incerteza para Francisco, tratando-se, sobretudo, de um ponto decisivo para a orientação futura de sua Fraternidade.

Recorre, pois, à oração e pede à Irmã Clara e a Frei Silvestre que rezem a Deus por ele. A resposta não demora em

– *32* –

chegar: "Deus te escolheu, não para que te santifiques a ti somente, mas em proveito dos outros".

A vontade divina é clara, e Francisco aceita com todo gosto. Ele e seus irmãos são chamados a viver entre os homens, falando sua linguagem, participando de suas inquietudes, de seus problemas e misérias, espalhando entre eles o Evangelho como fermento divino, de igual modo que a mulher da parábola coloca o fermento na massa para transformá-la em pão saboroso e nutritivo!

A Ordem Franciscana viverá para a oração pessoal e o apostolado entre o povo!

Alegre com esta decisão do Além, Francisco vai a Roma para informar Inocêncio III. Ali conheceu São Domingos de Gusmão, com quem travou duradoura amizade, que haveria de prolongar-se através dos séculos: Franciscanos e Dominicanos, embora tenham seu modo de ver diverso, serão sempre duas Ordens irmãs.

11.
A Perfeita Alegria

"Sabes, irmão, em que consiste a verdadeira alegria?", pergunta Frei Francisco, certa feita, a Frei Leão, a "ovelhinha de Deus". "Acaso em falar a língua dos anjos, ou em saber o curso das estrelas e a força curativa das ervas? Ou em descobrir os tesouros da terra e conhecer a natureza das aves e dos peixes e de todos os animais, e as pedras e as raízes e as águas? Ou profetizar e realizar prodígios, ou em ser considerado sábio ou santo? Escreve que não está nisto a perfeita alegria"! Aquilo sem dúvida surpreendeu a Frei Leão que conhecia o modo de proceder dos homens, empenhados na louca carreira de alcançar a felicidade. "Ouve, irmão, diz Francisco com profunda sabedoria, a perfeita alegria está em levar com paciência todas as tribulações da vida por amor a Cristo bendito!"

Talvez nem ele mesmo compreendesse naquela hora a profunda lição de psicologia encerrada em tão poucas frases! Somente é feliz aquele que sabe enfrentar com paciência as contrariedades da vida!

E Francisco é o exemplo daquilo que ensina: alegre, jocoso, todo inflamado em amor a Deus e ao próximo, trata com todos, pobres e ricos, nobres e plebeus, e todos são objeto de estima e interesse. Jamais perdeu a delicadeza no trato, nem a fineza na maneira de ser, que lhe mereceram em outro tempo o título de "Rei da Juventude". Por isso, todo o mundo quer e segue a Francisco; e um nobre florentino, o Conde Orlando, presenteia-lhe o penhasco do Alverne para que o santifique com a oração e a penitência.

Será para Francisco, quando chegar ao final de sua vida, como que o Calvário onde o mesmo Cristo o fará semelhante a Ele na crucifixão misteriosa dos estigmas.

12.
A INDULGÊNCIA DA PORCIÚNCULA

No verão de 1216, Francisco obtém de Cristo algo nunca antes ouvido na história da Igreja: uma indulgência inteiramente particular e própria. O papa Honório III acaba de ser eleito em Perúsia para suceder a Inocêncio, e certa noite, Francisco rezava por ele na Capelinha da Porciúncula. De repente o ambiente se enche de harmonias e claridade, e sobre o altar lhe aparecem o próprio Cristo e sua Mãe bendita. "Pede-me o que queres, Francisco", diz-lhe benignamente.

– 35 –

"Quero almas", responde o Santo comovido até o íntimo. "Concede-me, Senhor, que todos quantos entrarem nesta Capela, devidamente dispostos, obtenham a remissão de seus pecados".

Aquilo é totalmente novo, e Cristo parece vacilar, como se quisesse dar a entender a grandeza do que pede. A própria Mãe do Salvador intervém! Que se poderá negar àquela que fez adiantar a sua hora em Caná da Galileia? "Concedido, vá a meu Vigário (o papa) para que te confirme". Como prova de sua visão, os arredores da capela se cobrem de rosas e, com elas, Francisco acode ao Soberano Pontífice. E Honório, que conhecia profundamente o santo, sanciona sem vacilar a indulgência, com sua autoridade apostólica.

Doravante, esta será a "indulgência franciscana", estendida a todas as igrejas da Ordem, para ser lucrada no dia 2 de agosto, em memória da solene consagração da Capela da Porciúncula, nesse ano de 1216.

13.
SENHOR DA NATUREZA

Francisco era poeta. Ele o havia sido desde menino, quando escutava os trovadores, e ele mesmo entoava doces canções em francês, língua nativa de sua mãe. Agora que serve a Cristo, os olhos e o espírito recebem nova luz para contemplar as coisas do mundo.

Francisco sabe o que é a criação; não é absolutamente o mundo hostil e inimigo do homem. Foi o pecado que escureceu a visão da natureza. Sabe que tudo, desde o humilde vermezinho que se arrasta sobre a terra, até os astros que percorrem as fantásticas distâncias do firmamento, são criaturas de Deus.

Todos saíram bons e perfeitos das mãos do criador, como saiu o homem no paraíso. Por isso os chama "irmãos, irmãs". Nunca dantes a água e o vento, os passarinhos e as árvores, o fogo e o cordeiro, haviam sido chamados assim pelo homem.

Para Francisco, nada de tudo quanto o rodeava era mau, pelo contrário, perfeito e bom, porque tudo é obra do mesmo Pai Celestial, de quem reflete as perfeições. Daí lhe nasce o delicado respeito para com as criaturas: não quer que se perca a água, porque lhe recorda o batismo, nem que se apague o fogo, pois simboliza o Espírito Santo. Não bate nas pedras, nem mata a minhoca, porque o mesmo Cristo se chamou "pedra" e por boca do salmista disse: "sou verme e não homem".

Detém-se no caminho para pregar às aves do campo, e elas com seus trinos e o delicado mover das asas lhe indicam que ouvem e entendem o sermão. Dá liberdade às rolas que certo jovem leva ao mercado, para que voem novamente pelos ares louvando a Deus: comove-o às lágrimas ver levado ao matadouro o inocente cordeirinho, e devolve às águas o peixe que o haviam presenteado. "Muito vos ama o Criador, pois vos faz tantos benefícios – declara-lhes – por isso deveis guardar-vos do pecado da ingratidão e cuidar de louvar sempre a Deus".

E a natureza, como o fez com o primeiro homem no paraíso, submete-se dócil à voz de Francisco. Ora é o "irmão falcão" do Alverne que o desperta, quando chega a hora da oração, e o chama um pouco mais tarde, quando o santo está cansado ou enfermo. Ora é o cordeirinho que o segue em toda a parte e o espera à porta da capela. Ora as "irmãs andorinhas" que o alegram, quando o espírito se sente deprimido e que entoarão o hino de júbilo, quando na última hora sua alma empreende o voo à eternidade. Ora é a rocha que jorra água cristalina para apagar a sede do camponês que o acompanha, ora o "irmão fogo" que subitamente se torna suave e inofensivo quando ele lhe suplica, com lágrimas nos olhos, que não lhe cause dano no doloroso martírio a que submete seu médico.

Francisco estendia a todas as criaturas, sem distinção, esse amor fraterno.

Em Gúbio, um lobo feroz devastava os campos, fazendo vítimas sem conta entre o gado e os pastores. Informado, o Santo decide ir-lhe ao encontro. "Demos-lhes o que necessita e até o animal mais feroz se tornará manso e meigo", afirma a seus companheiros que, colhidos de temor, veem como a fera se lança contra ele, mas subitamente se detém. "Vem, irmão lobo, sussura-lhe docemente Francisco. "Eu te mando, não faças nenhum mal, nem a mim nem a meus irmãos". E o lobo, apaziguado, deita-se aos pés do Santo, e ele lhe fala com brandura: "Com razão todos se queixam de ti, porque fizeste danos às criaturas do Senhor. Mas eu quero fazer as pazes entre ti e a cidade. Prometo que em toda tua vida receberás alimento, se tu me prometes que nunca mais prejudicarás nem aos homens nem aos animais". E o lobo inclinou a cabeça, colocou a pata na mão suave do Santo e o seguiu docilmente à cidade. Durante longos anos, até morrer de velho, ia mansamente de porta em porta e quem o via sentia o coração inundar-se de ternura ao recordar Francisco.

Dir-se-ia que esta história encerra todo o sentido da justiça social ensinada pelo Santo – vencer o ódio pelo amor – como o fariam ele e os seus pelo mundo afora.

14.
A Organização dos Irmãos

Agora a Ordem é numerosa: contam-se aos milhares os que deixaram tudo para viver o Evangelho. Sisudos doutores, nobres cavalheiros, simples burgueses e trabalhadores analfabetos, todos vestem o humilde burel e cingem-se com uma corda e andam descalços pregando a boa nova de ser pobres por amor a Cristo. Já não bastam as simples normas da Primeira Regra, composta por uns quantos textos do Evangelho; necessita-se algo mais extenso que oriente os diferentes caracteres, e Francisco trata disso com seus Frades reunidos em Capítulos Gerais. Cinco mil reúnem-se no ano de 1217, acampados ao ar livre, que por esse motivo chamou-se "Capítulo das Esteiras", confiados na inesgotável Providência de Deus que, de modo maravilhoso, cuidou do sustento delas. Nessa ocasião, divide-se a Ordem em Províncias, cada uma com um Superior, e são enviados religiosos para fundar casas fora da Itália. Frei Alberto de Pisa é enviado para a Inglaterra com um grupo de companheiros. Lá organizarão as mais famosas Universidades de Eton e Oxford. Neste Capítulo, Francisco, que sempre manifestou profundo respeito pelas autoridades da Igreja, conhece um homem que exercerá imensa influência sobre ele: é o Cardeal Hugolino, futuro Gregório IX, homem versado em leis, cheio de prudência e sabedoria, que o ajudará a redigir em forma canônica a Regra definitiva.

No Capítulo de 1219, organizam-se as Missões entre os infiéis: Frei Gil segue a Túnis, Beraldo e seus companheiros – os futuros mártires – vão a Marrocos, e Elias de Cortona à Palestina, a terra santificada pela presença de Cristo.

Os frades de então viviam de maneira simples: ocupavam-se da oração, trabalhavam entre os leprosos e pregavam o Evangelho com palavras breves e humildes como foram as do próprio Cristo. Os candidatos renunciavam a todas as suas posses em favor dos pobres e não tinham limites em duas atividades: percorriam os municípios, detinham-se nos povoados, passavam a noite nas igrejas, nos leprosários, ou nas residências de pessoas caridosas. É que Francisco, respeitando o que Deus fez, também respeitava a personalidade individual. Não queria forçar a ninguém, desejava, sim, que cada qual livremente pusesse a serviço dos outros os talentos que o Senhor lhes houvesse confiado, levado só pelo amor de Deus e ao próximo; a caridade era a regra suprema, e continuou sendo o eixo espiritual de toda a Ordem.

15.
As Primeiras Tempestades

Em novembro de 1219, Francisco realiza, enfim, o sonho longamente esperado de ir ao Oriente. A Fortaleza Damieta havia caído em poder dos turcos, e os exércitos dos cruzados, ocupados em realidades terrenas de saquear e matar, haviam esquecido o propósito santo de seu empreendimento: recuperar Jerusalém. Por isso, Francisco deixa-os e aventura-se entre os infiéis; está convencido de que pode levar o Evangelho de Cristo, para substituir o símbolo da meia lua pelo da Cruz.

O poderoso Sultão Melk-El-Kamil, chefe líder do Oriente, recebe-o no acampamento, maravilhado de que um pobrezinho se atreva a falar-lhe de um paraíso muito diferente daquele que promete o Corão! Talvez seja verídica a lenda de que, em seu leito de morte, o Sultão aceitou o batismo das mãos de um dos frades milagrosamente enviados por Francisco! O que realmente consta é que lhe deu liberdade, a ele e aos seus, para percorrer seus domínios e que desde então os frades estão na Terra santa, como custódios dos lugares onde viveu e morreu Cristo.

Na Palestina recebeu Francisco a notícia do martírio do Frei Beraldo e companheiros em Marrocos no dia 16 de janeiro de 1220. "Agora sim tenho cinco verdadeiros Frades Menores", dizem que exclamou cheio de alegria. Foram eles os primeiros da longa série que em sete séculos derramaram seu sangue pelo Evangelho, revestidos com o hábito da Ordem.

E ali também teve notícias da boca do frei Estêvão, que havia cruzado o mar às escondidas, do que estava acontecendo na própria Comunidade. Como todas as obras humanas, o empreendimento de Francisco estava sujeito às contingências dos homens: o grande número trouxe consigo a mediocridade, e o afã por adquirir ciência começava a substituir o primitivo fervor de viver o Evangelho de Cristo. Já não eram muitos os que como Frei Masseo, o simpático, consideravam o dinheiro como o "esterco do diabo", nem, como os frades da Bolonha, haviam desocupado o convento só porque alguns diziam que era "propriedade" deles.

A simplicidade do Evangelho era demasiado simples para aqueles doutores de Universidades que começavam a suspirar por suas cátedras e seus livros e até haviam solicitado licença ao papa para introduzir novidades assaz distantes do primitivo ideal de simplicidade ensinado por Francisco.

Era o começo dessa eterna luta entre o ideal com toda a sua pureza e as cruas realidades da vida diária que constituiriam, na Ordem, elemento de inquietude, mas também de vitalidade e renovação.

Jamais a Ordem fundada por Francisco ficará estancada, porque seu modo de vida, calcado no próprio Evangelho, apresenta meta de perfeição nunca alcançada no seu mais alto grau.

Com o coração carregado de negros pressentimentos, Francisco regressa precipitadamente à Itália. Sabia que ele pessoalmente não era nada, "pobrezinho, simples e enfermo", confessava a si mesmo. "Sabes por que me escolheu Deus a mim?" pergunta certa feita a Frei Masseo. "Porque, não tendo encontrado sobre a terra criatura mais vil para a obra maravilhosa que se propõe a realizar, chamou-me para confundir a grandeza e a beleza e a fortaleza e a sabedoria do mundo". Mas Francisco está persuadido de que sua obra tem a solidez que lhe proporciona o fundamento evangélico e que são "malditos os que destroem e confundem o que, por santos frades, o Senhor edifica e não cessa de edificar". Por isso repreende, exorta, trata de incutirem em todos aquele primeiro ideal que o havia arrebatado a ele, a Frei Bernardo e a Frei Pedro, na primeira manhã que abriram o Evangelho.

Ajudavam-no o Cardeal Hugolino e o próprio Honório III, este empenhando o peso de sua autoridade para fazer compreender os que não entendiam o modo de vida iniciado por Francisco.

Retirando-se à ermida, de Fonte Colombo, o Santo empreende a redação da regra definitiva. Muito terá que lutar, porque os "frades sapientes", encabeçados pelo irrequieto Frei Elias de Cortona, homem inteligente, mas demasiado preocupado com as grandezas e pareceres do mundo, querem uma comunidade semelhante as outras da época, algo sólido e estável, em oposição à santa liberdade ensinada por Francisco.

16.

A ORDEM TERCEIRA

Estamos em 1221 e Deus vai escolher a Francisco para iniciar outra obra, dessas que transformarão o curso da vida na Igreja. Até então, a perfeição era considerada viável dentro dos mosteiros; quem aspirava a ela, devia não somente renunciar a tudo o que possuía, mas também encerrar-se atrás dos muros protetores de algum claustro, longe do vaivém do mundo.

Entretanto, o santo de Assis pensa diferente: sabe que "para a alma que ama a Deus basta a cela do corpo", como diz a profunda psicologia, e que "cada um pode ser religioso em sua casa e estado de vida". Um rico e piedoso comerciante, Luquésio, e sua esposa Bona, desejam segui-lo; são generosos, e de sua generosidade muitos tiram o sustento. "Irmão", diz-lhe Francisco, "vou dar-te uma regra, para que, sem sair de tua casa, vivas com a mesma perfeição que a vive um religioso no convento".

– 45 –

É que surge então a terceira das Comunidades fundadas por Francisco, a O.F.S. (= a Ordem Franciscana Secular). Os "terceiros", como os chama a história, encherão mais tarde com sua vida e ação as páginas da vida da Igreja. Reis e princesas, sábios e nobres, esposos e virgens, sacerdotes e leigos, cingirão a corda e vestirão o escapulário que lhes permitirá, a cada um em seu estado, chegar até aos cumes mais altos da perfeição, porque no sentido da santidade não há limites para ninguém.

Com a Ordem Terceira, o conselho de Cristo "sede santos como o Pai Celestial" adquirirá a plena universalidade para todos os homens em todos os tempos.

17.

Frei Antônio de Pádua

Um simples frade português, chamado Antônio, assombrava a Itália com a eloquência de seus sermões, a sabedoria de seus ensinamentos e a santidade da vida. Conhecera os protomártires, Frei Beraldo e companheiros, quando passaram por seu convento dos Agostinianos, rumo a Marrocos, em 1219, e participara depois nas festas com as quais foram recebidas as relíquias deles, convertidos já em mártires de

Cristo. Por isto decidiu engajar-se nas fileiras de Francisco.

O Senhor manifestou os tesouros de sua inteligência e de sua alma, e os superiores o destinaram à pregação. Mas agora, em 1222, queriam que fizesse algo mais. Frei Antônio devia ensinar os frades e prepará-los para a missão de evangelizadores, pois já não bastava a ciência, que cada um havia trazido ao convento, fazia-se necessário estudar. A Ordem já era grande e os campos de ação se haviam multiplicado.

Francisco que estimava a Antônio e, por causa de sua figura e ciência, carinhosamente o apelidara "meu bispo", escreve-lhe uma carta comovedora para que, "sem abandonar a oração, à qual todas as demais coisas devem servir", abra a primeira escola de estudos da Ordem.

Frei Antônio, o pregador da Eucaristia, o Santo dos Pobres, o Doutor Evangélico da Assunção de Maria, inicia as suas aulas em Bolonha, e a Ordem dos menores enethera, assim, também pelos caminhos da ciência e da inteligência.

18.
O Espírito Interior

Francisco aproxima-se de seu fim, os anos mais abençoados de sua vida. Não quis aceitar a ordenação sacerdotal, em sua humildade julga-se incapaz; continua simplesmente diácono.

Ele se contenta em respeitar e venerar aos sacerdotes. A certo sacerdote que, para escândalo dos fiéis, repreendia Francisco chamando sua vida de pobreza de "pura ostentação", ele dá esta bela resposta: "Se eu me encontrasse com um sacerdote e um anjo, em primeiro lugar beijaria as mãos do sacerdote porque consagra e toca a Eucaristia". E por isso diz que "não quer ver nos sacerdotes pecado algum" e pede a todos que tenham profundo apreço pelos padres, porque "do próprio Filho de Deus nada vemos corporalmente, neste mundo, a não ser seu santíssimo Corpo e Sangue que só eles consagram e distribuem aos demais".

Por outro lado, ama a Igreja, porque é o Corpo Místico, visível de Cristo; e ele, sempre tão sereno e suave em tudo, encontra palavras duríssimas para quem se atreve a desprezá-la. E em prova desse seu apreço, é o primeiro entre todos os fundadores das Comunidades Religiosas que pede ao papa um cardeal que seja "protetor, senhor e corretor da Fraternidade".

Mas, acima de tudo, como São Paulo, não quer saber de outra coisa, senão Cristo e Cristo crucificado.

Ele é o centro de sua vida e a razão de sua espiritualidade. Por isto a Ordem fundada por ele será cristocêntrica. Francisco amou a Cristo presente na Eucaristia; seu primeiro cuidado ao chegar a uma cidade era a Igreja, e ele mesmo se encarregava do asseio se por acaso não estava como convinha a "Casa de Deus".

Havia pedido à irmã Clara e suas filhas que confeccionassem belos ornamentos e não considerava contrário à "Senhora Pobreza" adornar os sacrários e prescrever que se guardasse a eucaristia em Cibórios de ouro, porque se trata "do mesmo Senhor dos céus que por nós se fez humilde". Escreveu carta comovedora aos sacerdotes e outras aos fiéis do mundo inteiro para recomendar-lhes "reverência ao Corpo de Cristo e limpeza no altar".

Ao lado destas virtudes que formam como que o núcleo de sua vida espiritual, descobrem-se em Francisco as qualidades humanas que o converteram em um dos santos mais atraentes de todos os tempos.

Profunda sinceridade e franqueza levam-no a confessar em público as concessões que faz à penitência, para que ninguém o considere mais do que vale. Está tão convencido de seu ideal que se torna, às vezes, impaciente e severo com quem o contradiz diante do que o próprio Cristo lhe revelou.

Profunda é a sua generosidade para com os pobres: "Quem despreza o pobre injuria a Cristo, pois Ele se fez pobre por nós neste mundo".

Simpatiza com todos, quer se trate de amigos em quem coloca carinhosos apelidos, quer se trate dos demais repelidos na escala social – os leprosos e os bandidos. Tão humano é

Francisco, que permite seus frades "comer de tudo quanto lhes oferecem". Ele mesmo, no entanto, pratica rigorosíssimas penitências porque se reconhece "modelo e pai dos seus".

É tão poeta, que fala com as aves e chama "irmão" ao sol e, entretanto, tão realista e prático, que organiza a Comunidade; conhece intimamente com quem trata, organiza missões gigantescas e não teme recorrer aos poderosos da terra quando convém aos interesses do Evangelho.

19.

O PRESÉPIO

Findava o ano de 1223. Sabia que se acercava o fim de sua carreira, o próprio Senhor lhe havia revelado, prometendo-lhe também o perdão dos pecados, fato que alegrou mais seu coração do que se declarássemos a um homem "serem de ouro todas as montanhas e toda a terra pedras preciosas", conforme ele mesmo confessara aos frades.

Aproximava-se o Natal e em companhia do amigo João Velita quis fazer algo diferente que mostrasse de maneira visível para todos a grandeza e o amor daquele que "sendo rico, por nós se fez pobre".

"Prepara-me uma gruta com um estábulo, onde porás um

– 50 –

pouco de palha. Procura-me um jumento e um boi e muitas luzes e flores para enfeitar o lugar, e pela meia-noite, iremos lá, meus frades e todo povo, para que, com cânticos e orações, recordemos o nascimento do Senhor". E assim Grecio, casario de pedra e palha, tornou-se naquele Natal qual outra Belém.

Francisco atuou como diácono na missa e pregou sobre o Divino Infante, e muitas pessoas piedosas viram no momento da consagração como um menino resplandecente e formoso desceu aos braços de Francisco, e ele o acariciava, invadido de indizível felicidade.

A partir daquele dia, surgiu a tradição do presépio e o natal de estilo franciscano: festa de santa alegria e inocente regozijo.

20.
A Aprovação Final da Regra

"Ninguém me indicou o que devia fazer ou dizer, mas o próprio Cristo ensinou-me o que deveria viver segundo a norma do Santo Evangelho, e eu o fiz escrever em poucas e simples palavras, e o senhor papa o confirmou". São as mesmas palavras com as quais São Francisco conta, no Testamento, a aprovação definitiva da Regra. Abreviada e posta em forma canônica pelo cardeal Hugolino, foi ela aprovada por Honório III aos 29 de novembro de 1223.

"Honório, bispo, servo dos servos de Deus aos amados filhos Frei Francisco e demais frades da Ordem dos Menores: costuma a Sé Apostólica atender aos piedosos desejos dos que a ela se dirigem, e, por isso, com autoridade apostólica, confirmamos vossa Regra que soa desta forma: GUARDAR O SANTO EVANGELHO DE NOSSO SENHOR JESUS CRISTO, VIVENDO EM OBEDIÊNCIA, SEM PROPRIEDADE E EM CASTIDADE..."

São as primeiras palavras do precioso documento que ainda hoje se pode admirar na Sacristia do Sacro Convento de Assis.

Em doze capítulos curtos e cheios de conteúdo, escritos pela mão de Frei Leão que lhe fazia as vezes de secretário, o santo deu as normas que haviam de reger a vida dos frades até o fim do mundo. Desprendimento de tudo, caridade para com todos, espírito fraterno entre eles, coração apostólico compreendendo todo mundo, afastamento da aparência do mal e permissão para missionar entre os infiéis.

Assim, "sempre súditos e submissos aos pés da Igreja, firmes na fé católica, guardemos a pobreza e humildade e o santo Evangelho de Nosso Senhor Jesus Cristo que firmemente prometemos".

As últimas palavras da Regra são como resumo e compêndio da mesma regra: a vida segundo o Santo Evangelho.

21.
O Portento de Alverne

De Greccio, dirigiu-se Francisco a Porciúncula e de lá, em companhia de alguns frades, entre eles Frei Leão, seu confidente e amigo (porque seu coração vibrou generosamente pelo nobre sentimento da amizade), foi ao Monte Alverne, o agreste penhasco com que o havia obsequiado o Conde Orlando. Queria jejuar na última quaresma em honra de São Miguel, como costumava fazer todos os anos, desde o dia 15 de agosto até 29 de setembro.

Retirou-se ao mais espesso bosque, sem outra companhia a não ser as aves e o céu azul sobre sua cabeça. Ali recordaria todos os acontecimentos de sua vida, tão fecunda em realizações, rogaria por seus filhos, espalhados já por todo o mundo conhecido e que, em grande número, continuariam a obra ao longo dos séculos e, sobretudo, pedia a Cristo que o identificasse completamente com Ele, participando das obras da Cruz.

Era o dia 14 de setembro de 1224. Antes do amanhecer, o cume do monte inflamou-se em claridade como já se fosse a aurora, tanto que muitos se levantaram, pensando já houvesse amanhecido o dia. "E estando Francisco", contam

– 53 –

os "Fioretti", "meditando devotamente na Paixão de Cristo, viu chegar do Alto um Serafim com seis asas ardentes e resplandecentes, o qual, com voo rápido, acercou-se até que o Santo pôde distingui-lo e viu claramente que tinha a figura de Cristo crucificado; as asas estavam colocadas de tal maneira que duas cobriam a cabeça, outras duas estendidas a voar e as outras duas cobriam o corpo. Ao vê-lo, Francisco ficou confundido de admiração e dor, porque Cristo o olhava familiar e amavelmente, e porque o via crucificado. Quando depois de muito tempo de contemplação e secreta conversação se desvaneceu a prodigiosa visão, o coração de Francisco ficou inundado de transbordante amor divino, e em sua carne apareceram os sinais da Paixão de Cristo".

Nas mãos e nos pés perfurados via-se o sinal dos pregos, e, no lado, a ferida da lança (onde se poderia introduzir a mão), sem cicatrizar, vermelha e sangrenta. "Francisco", na palavra de Pio XI, "se havia transformado noutro Cristo". Contou aos irmãos o que havia sucedido, mas enquanto vivia não mostrou a ninguém as chagas, exceto a Frei Leão que cuidava dele. Ordenou-lhe que consagrasse a pedra sobre a qual aparecera o Serafim e, até hoje, esse lugar é sagrado para os frades.

22.
O Ocaso

No dia 30 de setembro, Francisco resolveu descer do Monte Alverne para morrer na Porciúncula onde começara a servir a Deus. Desce lentamente, porque a dor das chagas é muita. Pronuncia a comovedora despedida: "Adeus, Monte Alverne, adeus, Monte santo; adeus, irmão falcão, adeus a todos, adeus"! Afasta-se chorando, porque em Francisco a santidade não apagou a sensibilidade rara que o fazia vibrar ao influxo de nobres sentimentos.

A Frei Leão, o secretário e amigo, deixou escrita milagrosa benção que reza: "O Senhor te abençoe e te guarde, te mostre teu rosto e tenha compaixão de ti. Volte o Senhor o seu rosto para ti e te conceda a paz". Assina-a, como de costume, sempre com a letra Tau (T) cuja forma lhe recordava a Cruz de Cristo.

Os meses que seguiram foram de continuados sofrimentos, recrudescendo as enfermidades, e estando quase cego. As chagas lhe produziram dores atrozes, porque não foi por adorno que lhes dera o Senhor, mas para assemelhá-lo a Ele na Cruz. Assim chegou ao conventinho de São Damião, onde o amor piedoso da Irmã Clara lhe fez construir pequena cela de barro e capim. Ali, em companhia

– 55 –

de Frei Masseo, Frei Leão e outros frades, passava o tempo entregue à oração e à meditação espiritual.

Às vezes faz um esforço especial, e, ajudado por Frei Elias de Cortona, a quem entregou o governo da Ordem, percorre em cama de enfermo, ou montado em um manso jumento, os lugares vizinhos; prega, consola e, sobretudo, exorta a todos a viver em paz com Deus e em caridade com o próximo. Aos frades recomenda com insistência o amor e a santa pobreza.

Transcorrem lentamente os meses. De todas as partes acodem os irmãos a vê-lo, e ele os abençoa e escreve cartas e avisos espirituais que eles guardam com indizível carinho. Em uma tarde, provavelmente no verão de 1225, contempla o entardecer do minúsculo jardinzinho, onde Clara e suas filhas se reúnem para ouvi-lo falar das coisas de Deus. O sol oculta-se por detrás dos montes, ao longe brilha o rio Arno, e já se acenderam as primeiras fogueiras nos campos dos pastores. Francisco mais que nunca sente a Criação como sua irmã e penetra no conhecimento do Criador que lhe apresenta a natureza.

Sentindo-se cheio de santa alegria e outra vez poeta como na juventude, compõe, em estrofe após estrofe, um cântico de louvor a Deus por toda a Criação: "Altíssimo, onipotente e bom Senhor, teus são os louvores, a glória e o gozo e toda a benção. Louvado sejas, meu Senhor, pela irmã lua e as estrelas, pelo irmão vento e pelas nuvens e pela irmã água e o irmão

– 56 –

fogo e pela irmã mãe-terra, a qual nos sustenta e governa e produz frutos diversos, de coloridas flores e ervas..."

No coração de Francisco, a criação inteira encontrara uma voz para louvar a seu Criador.

Estavam as monjas comovidas e Frei Pacífico (que em outros tempos fora pelo Imperador coroado Rei dos Versos) foi compondo a música para cantar o CÂNTICO DO IRMÃO SOL, "a mais bela poesia religiosa depois dos salmos" e o início da poesia italiana!

23.
Os Últimos Meses

Chegado o verão 1226, Francisco sentiu a morte avizinhar-se. Pediu que o levassem a Assis onde foi hospedado no próprio palácio episcopal. Dedicou-se de imediato a ditar várias cartas para os frades e compor seu *Testamento*, em que narra a sua vida e o começo da Ordem. Em abril desejou ser transferido a Porciúncula, lá embaixo no vale, e no percurso fez deter aos que o levavam, para abençoar a Assis pela última vez. Contaram-lhe, nesta ocasião, algo que discretamente talvez houvessem calado até aqui, em sua presença: entre o bispo e o prefeito da cidade haviam surgido amargas discórdias por questões políticas que, naquele tempo como hoje, exaltam os ânimos desfazendo uniões de corações.

Francisco fez um esforço e compôs nova estrofe do Cântico: "Louvado sejas, meu Senhor, pelos que perdoam por teu amor e suportam a enfermidade e a tribulação. Bem-aventurados os que a suportam em paz porque por ti, Altíssimo, serão coroados".

Em seguida, ordenou que Frei Pacífico e os frades dotados de melhor voz se apresentassem na cidade, e, em presença dos inimizados, entoassem o cântico da paz. Neste instante, como há anos com o lobo de Gúbio, o amor venceu o ódio, e as duas partes escutaram devotadamente o cântico e, como conclusão, pediram-se perdão um ao outro e deram-se o ósculo da paz. Onde antes havia injúria, houve agora perdão, e onde havia ódio, semeou-se o amor. Até o final, Francisco vem sendo o homem da paz.

São os últimos dias do mês de agosto e Francisco, agora quase cego, conversa com o médico: "Irmão, no seu parecer, quantos dias de vida me restam?" Vacilou aquele bondoso João, porque é duro falar da morte, mas sabendo que não podia enganar a Francisco, replica-lhe: "Viverás só até outubro". Ao ouvi-lo, o enfermo concentrou-se em seu interior: a voz do médico lhe denota os passos da "Irmã Morte", e ele se dispõe a recebê-la com o semblante risonho, porque não é a sombra obscura que o privará da vida, mas a "Irmã" que lhe abrirá as portas do paraíso. Sabe que não morrerá, mas

– 58 –

que começará realmente a viver e por isto chama a Frei Pacífico e lhe dita a última carta e a mais impressionante estrofe de seu cântico: "Louvado sejas, meu Senhor, por nossa Irmã a morte corporal, da qual nenhum ser vivente pode escapar. Ai daqueles que morrem em pecado mortal. Bem-aventurados os que cumprem a tua santa vontade, porque a morte segunda não lhe fará mal. Louvai e bendizei a meu Senhor e dai-lhe graças. E servi-o com grande humildade. Amém".

24.

AMIZADE AGRADECIDA

Em uma de suas viagens a Roma, travara conhecimento com ilustre matrona de nobre família, Jacoba de Settesoli, viúva que unia à riqueza e ao nome de sua casa as mais nobres virtudes. Ela se havia tornado a hospedeira e "mãe" dos frades que viajavam a Roma, e Francisco lhe dera o gracioso nome de "Frei Jacoba" porque a fortaleza de ânimo e o carinho que devotava ao Santo e seus irmãos a haviam tornado como um deles. Agora quer dar-lhe o último adeus, porque para ele – já o dissemos – a amizade é grande virtude.

"Se queres ver-me com vida, apressa-te em vir a traze-me círios e panos para minha sepultura e um pouco da-

quele manjar que costumavas dar-me quando me hospe-
davas em tua casa..."

Não foi necessário acabar a carta – que nos mostra um
rasgo muito humano de sua personalidade – e eis que já se
escuta fora o tumulto de cavalos e gente! Ali estava, para
surpresa de todos, Frei Jacoba, trazendo exatamente o que
se pedia naquela carta!

E, daí por diante, ela tomará a seu cargo o cuidado do
Santo, e talvez a solícita caridade de mulher forte recor-
dasse a Francisco as mãos suaves de outra mulher – Pica
de Boulermont – que tantas vezes lhe houvera prodigali-
zado os mesmos cuidados durante a infância.

Onde e quando morreu sua mãe? Não o sabemos, nem
a história, prolixa em outros detalhes, conta-nos nada mais
dela senão esse elogio de São Boaventura que a chama "suave e atenta, plena das mais nobres virtudes". Também nada
mais sabemos sobre Pedro Bernardone. O último gesto de
que dele temos notícia são as mãos avarentas, recolhendo o
ouro e as vestes de Francisco, naquele julgamento da praça de Assis...Talvez os Bernardone houvessem terminado
por reconhecer a santidade de Francisco, e bem o podemos
imaginar como com o correr dos anos estariam sentados
em casa, ela agora solitária, lar de tantas recordações do au-
sente, para escutar, maravilhados e de coração palpitante,
o relato do que tradição e lenda – pois mais tarde recolhe-
riam as "Florzinhas" – contavam de Francisco...!

25.
O Fim

Em outubro chegou a "Irmã Morte". Francisco pressentindo-a pede aos Irmãos que o estendam no chão sobre cinza, pois desejava morrer despojado de tudo; pede, como esmola, o hábito de sua mortalha, e faz a última admoestação aos frades: "Eu cumpri o que me estava confiado, Cristo vos ensine o que deveis fazer vós... eu vou para junto de Deus, ao qual vos recomendo".

Pediu que lessem a Paixão de Cristo no Evangelho e depois tomou o pão e o repartiu entre os presentes em sinal de amor fraterno: ditou a última despedida para a Irmã Clara e suas monjas; e, em seguida, pediu aos frades que cantassem o Cântico ao Irmão Sol, unindo pela última vez sua voz à das criaturas em louvor ao Criador.

Era o entardecer do sábado de 3 de outubro; as pessoas presentes recitaram o salmo 42 e àquelas palavras: "os justos me esperam, porque tu me darás a recompensa..." apagou-se a voz de Francisco, quando começaram a brilhar as primeiras estrelas da noite. A chaga ao lado, que agora todos podiam ver, parecia uma rosa aberta e brilhante, e as chagas dos pés e das mãos assemelhavam-

-se a grandes rubis. "Morreu cantando", escreve seu primeiro biógrafo Tomás de Celano!

26.

O Enterro

No domingo seguinte, 4 de outubro, bem cedo, iniciou-se o cortejo para levar à cidade o corpo de Francisco, partindo da capelinha da Porciúncula. O desfile propositalmente seguiu rumo a São Damião, para que Clara e suas filhas pudessem vê-lo e tocar com suas próprias mãos as chagas prodigiosas e chorar, pela última vez, aquele que lhes fora pai espiritual.

Giotto, o pai da pintura, reproduziu maravilhosamente esta cena nas paredes da grande basílica de Assis.

A comitiva seguiu em direção à Igreja de São Jorge, e o corpo, envolto em ricos panos bordados a ouro, que "Frei Jacoba" trouxera, foi depositado provisoriamente na cripta, enquanto se iniciava a suntuosa Basílica que já havia projetado a mente de Frei Elias de Cortona a cujo cargo ficariam os destinos da Ordem.

27.
A Glória

A 19 de março de 1227 foi eleito papa o grande amigo de São Francisco, Hugolino, que tomou o nome de Gregório IX. Um dos primeiros cuidados foi encaminhar a canonização do santo a quem tanto havia amado em vida, cujos milagres e prodígios andavam na boca de todos.

Aos 16 de julho de 1228, em Assis, em meio a maior pompa e solenidade, o papa inscreveu Francisco no catálogo dos santos e colocou no dia seguinte, com suas próprias mãos, a pedra fundamental da excepcional Basílica, em uma colina chamada até então de "colina do inferno", por ser o lugar dos justiçados. O papa trocou-lhe o nome por "Colina do Paraíso", pois era a sepultura de Francisco. Fixou a festa para o dia 4 de outubro e escreveu uma carta a todos os bispos do mundo para que promovessem entre os fiéis o culto e o amor ao Santo "Padroeiro da pobreza e da paz".

A 25 de maio de 1230, o corpo foi transladado da Igreja de São Jorge ao lugar de repouso definitivo; foi a tal afluência de peregrinos à cerimônia, que eles se viram obrigados a pernoitar nos campos ao redor da cidade, incapaz de acomodá-los a todos.

Gregório, impossibilitado de sair de Roma por causa de problemas urgentes, enviou três legados com riquíssimos presentes para o culto, o mesmo fazendo os Príncipes e os Governantes do mundo inteiro.

Em 1253 a Basílica, um dos mais belos monumentos de arte romana, ficou concluída e o próprio Vigário de Cristo, Inocêncio IV, consagrou-a, concedendo-lhe privilégios e graças especialíssimas.

* * *

Floresceram lendas em torno do sepulcro de São Francisco. Para prevenir os roubos frequentes naquela época de fervor indiscreto, haviam rodeado o sarcófago de pedra com uma grade de ferro e, posteriormente, com um muro de pedra. Mas, com o correr dos séculos, perdeu-se a memória da localização exata do sepulcro e a imaginação popular inventou as coisas mais extraordinárias: falava-se que o Santo premanecia de pé, em uma câmara secreta no sótão da Basílica, com os olhos fixos no céu e as chagas frescas, e que este prodígio só seria visível no fim do mundo...

Durante muitos séculos o carinho dos frades e a devoção do povo sonharam em retirar as relíquias, e, em 1818, com a licença de Pio VII, iniciaram-se em segredo as escavações por debaixo do altar-mor. Depois de intensa busca que durou 52 dias, no dia 12 de dezembro encontrou-se a tumba. Muito pouco restava do corpo, como se aquele que, em vida, brilhou pela humildade e pobreza, não quisesse subtrair-se na morte ao destino comum dos mortais. Fechou-se novamente o ataúde de pedra, com os selos papais, e ao redor escavou-se uma cripta que constitui a terceira igreja da Basílica.

APÊNDICE I

28.

AS ORDENS FRANCISCANAS
Genial criação de São Francisco de Assis

---

1. AS TRÊS ORDENS DE SÃO FRANCISCO

Fala-se sempre nas três ordens Franciscanas. Brevemente são assim costituídas: a I Ordem é a destinada aos homens. Francisco, logo após sua conversão, atraiu um grupo de homens ao redor de si, que começaram a chamar-se de irmãos. Para esses irmãos escreveu ele uma brevísisma Regra, que era uma coleção de passagens evangélicas. Foi com os primeiros 12 irmãos a Roma para obter aprovação do papa. Depois de sérias dificuldades, conseguiu a aprovação do papa Inocêncio III. Foi isso em 16 de abril de 1209 ou 1210. Essa data é considerada como início da Ordem dos Frades Menores, comumente chamada de ordem 1ª.

A II Ordem Franciscana é destinada às mulheres e teve início com Santa Clara, por isso também é chamada a Ordem das Clarissas. Rigorosamente, teve início na noite do Domingo de Ramos de 1212, quando Clara abandonou o Castelo paterno e, na igrejinha de porciúncula, teve os cabelos cortados por São Francisco e foi revestida do hábito da penitência, semelhante ao que os irmãos da ordem 1ª. usavam. Inicialmente, as irmãs que se juntaram a Santa Clara seguiam umas observâncias particulares ditadas por São Francisco. Durante um período de 50 anos, foram elaboradas e aprovadas cinco regras. Dois dias antes de morrer, Santa Clara teve a felicidade de ver aprovada a Regra realmente franciscana por Inocêncio IV, em 9 de agosto de 1253.

A III Ordem, chamada também de ordem Terceira da Penitência, surgiu durante o ano de 1221. O espírito de São Francisco ia conquistando os homens. Já eram multidões aqueles que o queriam seguir. Francisco compreendeu que tal entusiasmo ameaçava a ordem social, pois muitos casados queriam abandonar seus estado para se fazerem franciscanos. Francisco quis impedir que deixassem o mundo. Por isso deu-lhes uma Regra, para que, ainda que no mundo, pudessem viver como religiosos, dentro da visão franciscana da vida. Chamou-os de Irmãos Penitentes.

Assim, temos em rápidos traços a origem das três Ordens franciscanas, as três, hoje, ainda em pleno vigor e tentando, sempre de novo, levar adiante a mensagem de São Francisco.

2. Outras florações franciscanas

Além desses grupos iniciados por Francisco, são conhecidas ainda outras famílias franciscanas, como os Conventuais e os Capuchinhos. Como surgiram eles? Também em rápidos traços vejamos em algumas linhas.

Os Conventuais: No século XV, houve desentendimentos entre os franciscanos, a respeito da observância das normas dadas por São Francisco. Surgiram duas formas de vida, nas quais os seguidores chamavam-se de "conventuais" e de "observantes"; por conventuais eram conhecidos os moradores dos grandes conventos, enquanto os observantes eram chamados os que habitavam em eremitérios. Essa divisão, infelizmente, não ficou apenas no nome, mas foi aos fatos. Houve desentendimentos e incompreensões ao lado de um verdadeiro zelo e vontade sincera de salvar o ideal franciscano. Houve intervenção do papa, cardeais e grandes homens da Ordem e fora da Ordem. Até que em 1468, o Ministro Geral dos Frades Menores foi eleito papa, com o nome de Sisto IV. Daí foi eleito um novo Ministro Geral. A questão não terminou. Em vários países da Europa os dois grupos continuavam hostilizando-se.

Finalmente, em 1517, pela ação do papa Leão X, a questão ficou resolvida. Na bula papal havia uma cláusula que dispunha: a ordem é dividida em duas famílias: a cismontana e a transmontana. Esses dois grupos formavam a "Ordem dos Frades Menores da Regular Observância". Receberam seu Ministro Geral. Do outro lado, os não reformados escolheram para si um Ministro Geral, que foi aprovado pelo Papa, com poderes de Vigário Geral. Em 1587, os conventuais obtiveram plena independência, formando desde então uma Ordem à parte. Desta data, rigorosamente, começa-se a contar a Ordem dos Frades Menores Conventuais.

Os Capuchinhos: Com o correr dos tempos foram sempre surgindo outras reformas dentro da Ordem, mas que conservavam estreita ligação com a família dos Observantes. Uma, porém, separou-se definitivamente, formando uma nova família franciscana: a dos capuchinhos. Essa reforma partiu de dois franciscanos: Frei Mateus de Báscio e Frei Ludovico de Fossombrone. Frei Mateus era ardente imitador de São Francisco e parecia-lhe que os companheiros estavam negando o ideal primitivo dos Irmãos Menores. Por isso, em 1525, foi a Roma, onde teria obtido oralmente a licença do papa Clemente VII para voltar ao primitivo espírito dos seguidores de São Francisco, e usar o hábito que, a seu ver, Francisco usara.

Outros irmãos, porém, se lhe foram ajuntando e receberam licença de viver a modo dos eremitas. O grupo foi crescendo Frei. Mateus foi eleito Vigário Geral, em 1529, mas renunciou depois de dois meses. Em 1537 voltou aos observantes, morrendo piedosamente entre eles, em 1552. Houve dentro do grupo muitos contratempos e ameaças de extinção, acontecimentos dolorosos, até que pelos meados do século XVI, eliminando os excessos iniciais, voltaram os capuchinhos às normas observadas pelos mais entusiastas e fiéis seguidores de São Francisco. Assim, aos poucos, entre a Ordem dos Frades Menores da Observância e a Ordem dos Frades Menores Capuchinhos só subsistem diferenças externas. Como o Concílio Vaticano II renovou a vida religiosa, alterando as formas externas de vestir, são mínimas as diferenças das duas famílias franciscanas que procuram reviver o espírito e a mensagem de São Francisco.

3. Os Franciscanos no Brasil

A presença franciscana no Brasil data da descoberta, pois junto com as esquadras de Cabral, o descobridor do Brasil, vinha um grupo de franciscanos que se destinavam às missões na Índia. Era superior do grupo Frei Henrique de Coimbra que celebrou a primeira missa, em um dos ilhéus da Enseada de Santa Cruz, hoje chamado da Coroa Vermelha, no dia 26 de maio de 1500. Foi um franciscano que deu a primeira benção à nova terra que era revelada a Portugal e ao mundo. Desde então, os franciscanos marcaram presença constante no Brasil, de norte a sul, no interior e no litoral. Muitos deles morreram às mãos dos indígenas a quem queriam pregar o Evangelho. Assim, os primeiros mártires do Brasil foram dois religiosos franciscanos, trucidados pelos índios, em Porto Seguro, por volta de 1515/1516. E conta Antônio da Piedade: os selvagens "os despedaçaram, assaram e comeram. E para que a ruína dos cristãos fosse total usaram outra indústria: dois tapuias vestiram o hábito dos religiosos, para assim, como lobos disfarçados, em peles de ovelha, enganarem e devorarem o pequeno rebanho de Cristo". Os franciscanos que os seguiram ergueram igrejas e capelas, em torno das quais nasceram centenas de cidades pelo Brasil afora. E ainda hoje continuam a marcar presença nas grandes capitais do país, mas também nos interiores perdidos, onde o homem é esquecido e abandonado.

Uma das mais recentes iniciativas , que está tomando âmbito nacional, foi o lançamento do movimento JUFRA (Juventude Franciscana), em Ponta Grossa, Paraná, por parte dos PP. Capuchinhos daquela cidade. O movimento empolgou a juventude de Ponta Grossa e está agora lançando raízes em muitas cidades. Promete, realmente, ser um desses movimentos destinados a marcar época e tornar-se um dos grandes difusores da mensagem franciscana.

Assim, daqueles dias do século XIII a mensagem de Francisco não mais deixou de atrair homens, mostrando-lhes valores que valem a pena serem assumidos. Mostrando-lhes um caminho particular que continua a encontrar entusiastas para segui-lo. Mostrando-lhes uma forma do Evangelho que, em sua singularidade, permanece sempre atual e nova, participando da perene juventude do Evangelho, pois São Francisco não queria outra coisa senão que a vida dos Frades Menores fosse essa: viver o santo Evangelho de Nosso Senhor Jesus Cristo.

Frei. Hugo D. Baggio, O.F.M.

Apêndice II

29.
Hinos e Orações de São Francisco

Cântico do Sol

— Altíssimo, Oniponte, bom Senhor, só a ti o louvor, a glória e a honra e toda a benção.

— Só a ti, Altíssimo, se devem, e humano não há que seja digno de mencionar teu nome.

— Louvado sejas, meu Senhor, no conjunto de tuas criaturas, com o senhor irmão sol principalmente, que por ele nos vem o dia e com a sua luz nos alumia.

— E tão belo que é, tão radioso e de tanto esplendor, que traz de ti, Altíssimo, um sinal.

— Louvado sejas, meu Senhor, pela irmã lua e as irmãs estrelas, que do céu tu criaste resplandecentes e valiosas e lindas.

— Louvado sejas, meu Senhor, pelo irmão vento, o ar e a nuvem e o tempo sereno e todo o tempo pelos quais dais alento às criaturas.

– Louvado sejas, meu Senhor, pela irmã água que é tão útil e humilde e preciosa e casta.

– Louvado sejas, meu Senhor, pelo irmão fogo, com o qual as noites alumias, como é belo, jucundo, vigoroso e forte.

– Louvado sejas, meu Senhor, pela irmã nossa terra--mãe, que nos sustenta e governa e gera tão diversos frutos e matizadas flores e verduras.

– Louvado sejas, meu Senhor, pelos que por teu amor perdoam, e enfermidades e aflições suportam. Bem-aventurados os que sofrem em paz, pois coroados por ti, Altíssimo, serão.

– Louvado sejas, meu Senhor, por nossa irmã a morte corporal, da qual homem algum pode fugir.

– Ai daqueles que morrem em pecado mortal. Felizes dos que a quem a morte encontra conformes a tua santíssima vontade. A estes não fará mal segunda morte.

– Louvai ao senhor e bendizei-o. E dai-lhe graças, servindo a Ele com humildade extrema!

Oração pela Paz

Ó Senhor, faze de mim instrumento da tua paz:
Onde há ódio / faze que eu leve o amor.
Onde há ofensa / faze que eu leve o perdão.
Onde há discórdia / que eu leve a união.
Onde há dúvida / que eu leve a fé.
Onde há erros / que eu leve a verdade.

Onde há desespero / que eu leve a esperança.
Onde há tristeza / que eu leve a alegria.
Onde há trevas / que eu leve a luz.

Ó Mestre, faze que eu procure mais consolar/
do que ser consolado.
Mais compreender/ do que ser compreendido.
Amar/ do que ser amado.

Porquanto/ é dando que se recebe; é perdoando que se
é perdoado/ é morrendo que se vive para a vida eterna.

SAUDAÇÃO À SANTÍSSIMA VIRGEM

Salve, ó Senhora, santa, rainha santíssima, Mãe de Deus, Maria, que sois Virgem perpétua, escolhida pelo Santíssimo Pai do céu, o qual vos consagrou com o seu santíssimo e dileto Filho e o Espírito Santo Consolador! Em vós residiu e reside toda a plenitude da graça, e todo o bem!

Salve, ó palácio do Senhor! Salve, ó Tabernáculo do Senhor! Salve, ó morada do Senhor! Salve, ó manto do Senhor! Salve, ó serva do Senhor! Salve, ó mãe do Senhor!

Assim como vós, todas as santas virtudes que pela graça e iluminação do Espírito Santo sois derramdas nos corações dos fiéis, convertendo-os de pecadores em santos diante de Deus!

Bênção de São Francisco

O Senhor te abençoe e te proteja!
Mostre-te a sua face e se compadeça de ti!
Volva a ti o seu rosto e te dê a paz!
O Senhor te abençoe!

Louvores a Deus

Tu és o santo, o Senhor e Deus único
que opera maravilhas.
Tu és o forte. Tu és o grande. Tu és o altíssimo.
Tu és o rei Onipotente, o Pai santo, o Rei do céu e da terra.
Tu és o Senhor Deus trino e uno, o bem universal.
Tu és o bem, todo o bem, o sumo bem, o Senhor Deus
vivo e verdadeiro.
Tu és é caridade, o amor.
Tu és a sabedoria. Tu és a humildade.
Tu és a paciência. Tu és a esperança. Tu és o descanso.
Tu és é beleza. Tu és a mansidão.
Tu és o protetor. Tu és o guarda e defensor.
Tu és a fortaleza. Tu és o alívio.
Tu és a nossa esperança. Tu és a nossa fé.
Tu és a nossa grande doçura.
Tu és a nossa vida eterna, o grande e admirável
Senhor, Deus onipotente, nosso misericordioso Salvador.

Oração "Absorvei, Senhor"

Absorvei, Senhor, eu vos suplico, o meu espírito e, pela suave e ardente força do vosso amor, desafeiçoai-me de todas as coisas que existem debaixo do céu, a fim de que eu possa morrer por amor de vós, ó Deus, que por amor de mim vos dignaste a morrer!

INFORMAÇÕES SOBRE SEMINÁRIOS FRANCISCANOS

RIO GRANDE DO SUL
Província Franciscana
de São Francisco de Assis
Cx. Postal 2330
Porto Alegre-RS
Cep. 90001-970
Fone: (51) 3246-9937

**SANTA CATARINA, PARANÁ, SÃO PAULO,
RIO DE JANEIRO, ESPÍRITO SANTO**
Província Franciscana
da Imaculada Conceição do Brasil
Cx. Postal 900
São Paulo-SP
Cep. 01059-970
Fone: (11) 3291-2416

MINAS GERAIS
Província Franciscana
de Santa Cruz
Praça São Francisco, 195 – Carlos Prates
Belo Horizonte-MG
Cep. 30710-350
Fone: (31) 3469-5500

BAHIA ATÉ CEARÁ
Província Franciscana
de Santo Antônio do Brasil
Cx. Postal 1931
Recife-PE
Cep. 50001-970
Fone: (81) 3424-4556

MATO GROSSO
Vice-Província Franciscana
das Sete Alegrias de N. Senhora
Cx. Postal 205
Campo Grande-MS
Cep. 79002-970
Fone: (67) 3356-7565

GOIÁS
Vice-Província Franciscana
do Santíssimo Nome de Jesus
Cx. Postal 461
Anápolis-GO
Cep. 75001-970
Fone: (62) 3327-0497

Este livro foi composto com as famílias tipográficas Times e Times New Roman
e impresso em papel Offset 75g/m² pela **Gráfica Santuário.**